Dietrich Gümbel

La Translucidité de l'Obscurité

Dietrich Gümbel

La Translucidité de l'Obscurité

Signatures en mots et en images

Éditions Croix du Salut

Imprint
Any brand names and product names mentioned in this book are subject to trademark, brand or patent protection and are trademarks or registered trademarks of their respective holders. The use of brand names, product names, common names, trade names, product descriptions etc. even without a particular marking in this work is in no way to be construed to mean that such names may be regarded as unrestricted in respect of trademark and brand protection legislation and could thus be used by anyone.

Cover image: Fourni par l'auteur

Publisher:
Éditions Croix du Salut
is a trademark of
Dodo Books Indian Ocean Ltd. and OmniScriptum S.R.L publishing group

120 High Road, East Finchley, London, N2 9ED, United Kingdom
Str. Armeneasca 28/1, office 1, Chisinau MD-2012, Republic of Moldova, Europe
Printed at: see last page
ISBN: 978-620-3-84551-8

La Translucidité de l'Obscurité

- Signatures en mots et en images -

de

Dietrich Gümbel

Die Durchlichtung der Dunkelheit

- *Signaturen in Wort und Bild* -

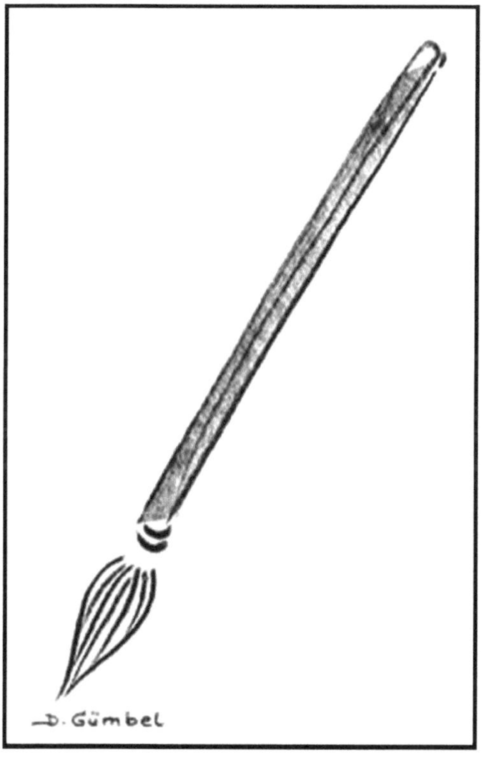

PRÉFACE

L'art nous touche. Les poèmes de Dietrich Gümbel, pensées lumineuses coulées dans des mots, nous touchent au plus profond de nous-mêmes. Le sens visuel et la sonorité des syllabes se conjuguent pour interpeller l'esprit, l'âme et le cœur du lecteur. A la fois poète, artiste peintre et musicien, l'auteur érige un pont pour celui qui contemple et écoute son œuvre, un pont qui nous conduit du moment présent dans des dimensions intemporelles. Son langage est simple tel son coup de pinceau. Par la réduction à l'élémentaire dans son langage et ses formes, il laisse le lecteur imaginer lui-même ce à quoi il fait allusion. Je me sens effleurée, touchée d'un geste tendre, invitée à le suivre.

Rien ne m'est imposé lors de ma lecture, aucun texte ne m'épuise par sa complexité ou sa lourdeur. Au contraire, l'auteur me laisse entièrement libre dans la mesure où, par quelques mots essentiels, tout est dit et c'est à moi de compléter. Un appel me parvient, à peine audible, d'être à l'écoute de mes propres images qui surgissent en moi. Les vers de Dietrich Gümbel font vibrer ses lecteurs tel le toucher fait vibrer un instrument de musique. Puisqu'il nous laisse tant d'espace pour notre propre imaginaire, puisque cet espace, par la lecture-même, naît et grandit en nous, et que les mouvements de l'âme ne sont qu'effleurés par les mots et les formes des dessins, l'attitude passive du lecteur se transforme en créativité. Ainsi mise en mouvement, je participe moi-même à la création du monde lumineux à venir. Plus ma lecture se prolonge, plus mon regard s'attarde sur les formes des dessins, plus l'espace en moi s'étend, le calme s'installe, mon cœur devient léger.

Un tel livret constitue un véritable trésor à une époque où nous multiplions les connaissances de détail et perdons de vue l'ensemble. Or, le désir de nous unir au Tout est profondément ancré en nous. Puisse ce précieux ouvrage nous accompagner sur ce chemin.

Astrid Krüger, Metzeral, Alsace, France, Décembre 2022

VORWORT

Kunst berührt. Dietrich Gümbels Worte, kunstvoll in Form gegossene, lichtvolle Gedanken, berühren uns in unserem Innersten. Sie sprechen über das Auge und das Ohr zu Geist, Herz und Seele des Lesers. Wie ein Mittler zwischen den Welten baut der Autor, Dichter, malender Künstler und Musiker zugleich, dem Lesenden und Hörenden eine Brücke. Sie führt vom Hier und Jetzt zu dem, was immer schon war und immer sein wird. Seine Sprache ist schlicht wie sein Pinselstrich. Das von ihm Gefühlte und Geschaute wird nur angedeutet und kommt dadurch als Ahnung beim Lesenden an. Ich fühle ich mich sanft berührt, angesprochen und abgeholt.

Nichts wird mir als Lesende auferlegt, weil es etwa zu vollständig, schwer und erschöpfend wäre, sondern ich werde durch das Allumfassende bar jeder überflüssigen Einzelheiten völlig frei gelassen. Ich erhalte eine leise Einladung, die eigenen, durch die Anregung in mir auftauchenden inneren Bilder wahrzunehmen. Dietrich Gümbels Verse bringen seine Leser zum Schwingen, so wie eine Berührung einen Klangkörper zum Ertönen bringt. Dadurch, dass uns Lesern viel Raum gelassen wird, ja dieser in uns sogar erst entsteht, und die zeichnerischen Formen und in Worte gekleideten Seeleninhalte eben nur angedeutet werden, kann ich als Empfangende selbst schöpferisch tätig werden und am Erschaffen der kommenden lichtvollen Welt mitwirken. Schwinge ich länger durch mein Lesen mit, so entsteht immer mehr Raum, es wird immer stiller, und eine heitere Zuversicht breitet sich in mir aus.

Ein solches Büchlein ist ein Schatz für die Menschen in einer Zeit, wo wir so viel Detailwissen ansammeln und nur wenige die grossen Zusammenhänge erkennen. Die Sehnsucht nach Einswerdung ist jedoch tief in uns verankert. Auf dem Weg dorthin stellt dieses Büchlein einen wertvollen Beitrag dar!

Astrid Krüger, Metzeral, Elsass, Frankreich, Dezember 2022

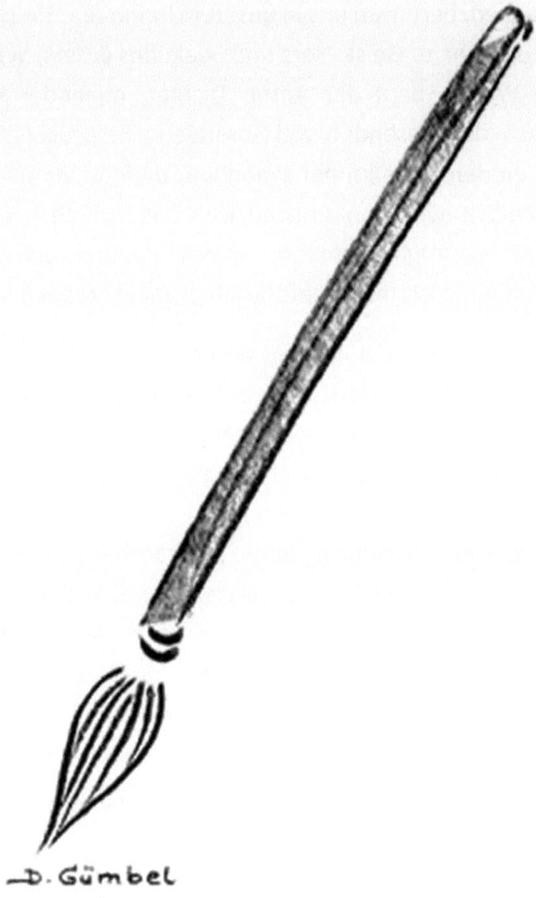

Fig1, Pinceau de la Signature / Signatur-Pinsel

Dans la main du peintre, le pinceau peut devenir le sceptre qui relie le ciel et la terre.

In der Hand des Malers kann der Pinsel zum Zepter werden, der Himmel und Erde verbindet.

Fig 2 , Crystal de Roche / Bergkristall

Le pouvoir de la lumière

C'est l'obscurité

dans laquelle la lumière se

lumineuse se reconnaît

et l'obscurité en tant que telle

par la lumière qui les fait disparaître.

Lichtmacht

Es ist die Dunkelheit

in der sich das Licht

leuchtend selbst erkennt

und die Dunkelheit als solche

durch Licht

welches sie schwinden macht.

•

Fig . 3, Matin de Pâques / Ostermorgen

L'incarnation humaine est l'incarnation

du ciel sur la terre.

Menschwerdung ist die Inkarnation

des Himmels auf Erden.

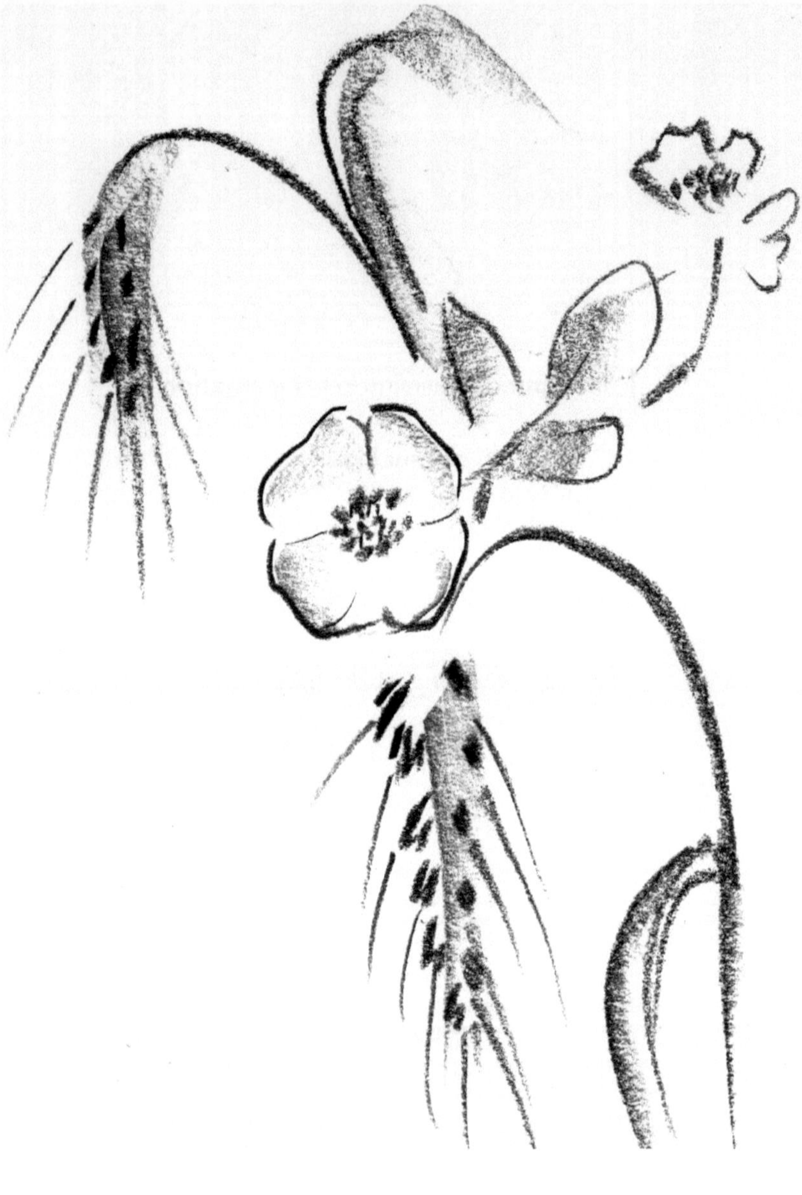

Fig. 4, I: Unification / Vereinigung

L'Unification

fleurs, fruits et graines
sont nés du mariage de l'obscurité et de la lumière.
Les graines germent dans l'obscurité de la terre
vers la lumière du soleil
dont les rayons, avec la croissance
produisent les feuilles brillantes de la fleur -
les arômes des fruits
et le
germe divin dans chaque graine.

Vereinigung

Blüten, Früchte und Samen
sind geworden aus der Vermählung von Dunkelheit und Licht.
Samen keimen in der Dunkelheit der Erde zum Licht der Sonne
deren Strahlen mit dem Wachstum
leuchtende Blätter der Blüte zeitigen -
die Aromen der Früchte
und den
göttlichen Keim in jedem Samenkorn.

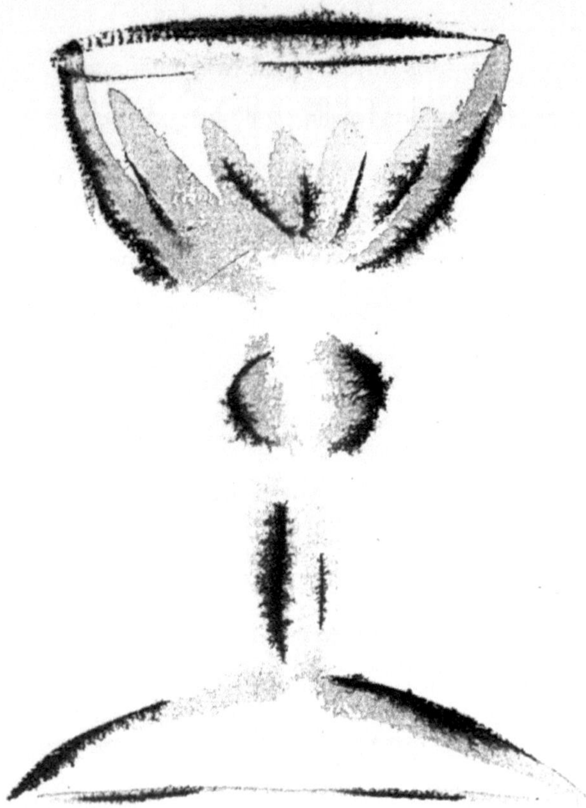

Fig 5, le Graal / der Gral

Le mythe du Graal

Le corps est le réceptacle

pour notre âme

et pour l'esprit qui façonne tout

qui nous illumine

jusqu'à ce que tout soit devenu un

dans la transparence.

Gralsmythos

Der Leib ist das Gefäß

für unsere Seele

und für den Geist der alles formt

der uns durchlichtet

bis alles eins geworden ist

in Transparenz.

Fig 6, Couple de Mariés / Brautpaar

Lumière et amour

La lumière est la forme masculine
de l'amour de Dieu -
L'amour est la forme féminine
de la lumière de Dieu -
car
IL EST UN
mais le sens de la lumière et de l'amour, c'est l'être humain - c'est toi - inspiré par la mission qui t'a été donnée par Lui dans l'acte de création.

Licht und Liebe

Licht ist die männliche Form
von Gottes Liebe -
Liebe ist die weibliche Form
von Gottes Licht -
denn
ER IST EINS
doch der Sinn von Licht und Liebe
ist der Mensch - bist du -
beflügelt durch deine Aufgabe
die dir von IHM gegeben
im Schöpfungsakt.

Fig. 7, le Béryl / der Beryll

Ombre et lumière

Dans la lumière du soleil
ton corps fait de l'ombre
qui te suit sans cesse
mais quand la lumière
vient de l'intérieur
il n'y a plus d'ombre
et tu es illuminé.

Licht und Schatten

Im Licht der Sonne
wirft Dein Körper Schatten
der dir stetig folgt
doch wenn das Licht
von innen kommt
fällt kein Schatten mehr
und bist erleuchtet.

Fig. 8, la Mouette / die Möwe

Tout est vibration

L'eau du lac joue sur la rive -
les feuilles des buissons se balancent dans le vent -
les oiseaux volent au rythme de leurs ailes -
ton cœur bat et envoie des vagues de lymphe et de sang
sur la rive de la peau -
le vent joue dans les cheveux bouclés
des mains en mouvement donnent de l'élan à tes actions.

Tout est vibration -
tout est rythme
parce que son haut et son bas
son va-et-vient
son haut et son bas
relier le ciel et la terre -
unissant tous les contraires au rythme de la vie
car notre cœur reconnaît :
l'eau est une vibration liquide
qui se remplit de la vibration spirituelle de la lumière
dans l'HOMME.

Alles ist Schwingung

Das Wasser des Sees spielt ans Ufer –
die Blätter des Gebüsch's wedeln im Wind –
Vögel fliegen im Rhythmus der Flügel –
dein Herz schlägt und schickt Wellen von Lymphe und Blut
ans Ufer der Haut -
in lockigen Haaren spielt der Wind
bewegte Hände beschwingen dein Tun.

Alles ist Schwingung –
alles ist Rhythmus
weil sein auf und ab
sein hin und her
sein hoch und tief
Himmel und Erde verbinden –
alle Gegensätze zum Rhythmus des Lebens vereinend
denn unser Herz erkennt:
Wasser ist flüssige Schwingung
die sich mit der geistigen Schwingung des Lichts
im MENSCHEN erfüllt.

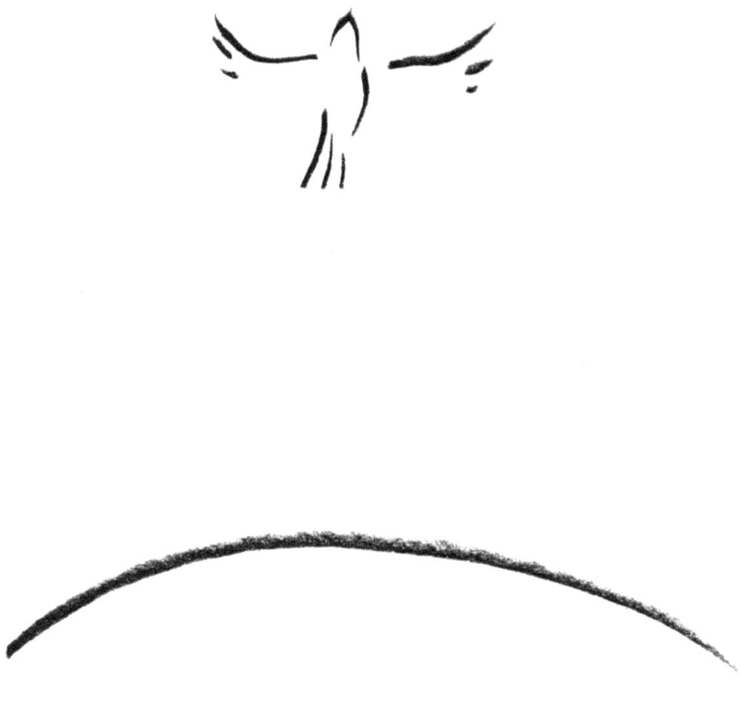

Fig. 9, l'Alouette des champs / die Feldlerche

Fig. 10, la Prise de Conscience / Bewusstwerdung

Ombre et lumière

L'ombre naît de la lumière
qui vient de l'extérieur - mais qui vient de l'intérieur,
tout s'éclaircit -
Dieu a créé l'obscurité
pour que nous puissions voir Sa Lumière
en nous.

Schatten und Licht

Schatten entsteht durch Licht
das von außen kommt - kommt es aber von innen,
lichtet sich alles auf -
Gott schuf die Dunkelheit
dass wir SEIN LICHT
in uns entdecken.

Fig. 11, le Lièvre brun / der Feldhase

Chaque animal

est une facette de toi -

dans ton âme.

Jedes Tier

ist auch ein Teil von dir –

in deiner Seele.

Fig. 12, le Réconfort / Tröstung

Le langage du cœur

Celui qui parle le langage du cœur
parle toutes les langues du monde
où que le soleil brille.

Herzens-Sprache

Wer die Sprache des Herzens spricht
spricht alle Sprachen der Welt
wo immer die Sonne auch scheint.

Fig. 13, l'Agneau / das Lamm

Vue

Le Créateur te regarde dans tous les yeux des animaux -
le cerf, le loup, l'agneau,
le chat, la souris, le chien, le poisson et chaque oiseau -
IL brille dans les fleurs des plantes
et dans le vert des feuilles,
comme dans tous les minéraux et les pierres précieuses.
Et tous aspirent à être reconnus
par LUI en toi.

Anschauung

In allen Augen der Tiere
im Reh - dem Wolf - dem Lamm
der Katze – der Maus
dem Hund – dem Fisch und jedem Vogel
schaut der Schöpfer dich an –
ER leuchtet in den Blüten der Pflanzen
und im Grün der Blätter
wie in allen Mineralien und Edelsteinen –
und alle sehnen sich danach erkannt zu werden
von IHM in dir.

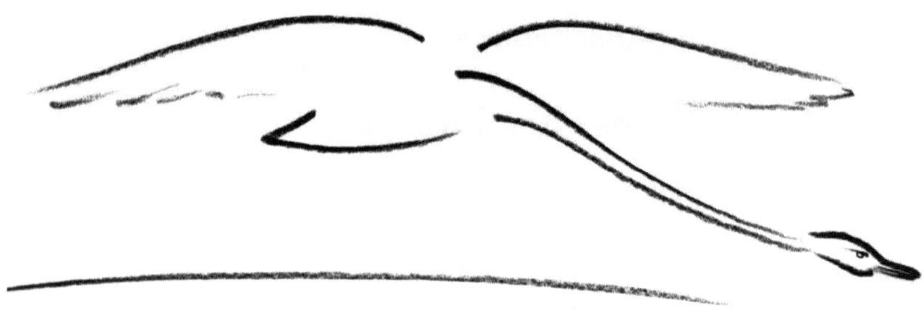

Fig . 14, le Cygne / der Schwan

Vérité

La vérité c'est lorsque

tu reconnais ton sentiment dans une révélation

et qu'il t'ébranle

jusqu'au fond de ton corps pour toujours.

Wahrheit

Wahrheit ist

wenn sich Gefühl im Erkennen erlebt

und bis in den Leib spürbar

dich bleibend bewegt.

Fig. 15, la Fleur de Magnolia / die Magnolienblüte

Fleurir

Fleurir signifie pour nous
s'abandonner à la lumière -
s'ouvrir à la lumière
que le fruit puisse mûrir
et la semence peut germer
qu'Il nous a donnée.

Blühen

Blühen heißt für uns
sich dem Licht hingeben -
sich dem Licht öffnen
dass die Frucht reifen
und der Samen keimen kann
den ER uns verlieh.

Fig. 16, l'Autoportrait / Selbstbildnis

Le sens de l'être

L'homme réfléchit
sur le sens de l'être
avec tous ses sens
et regarde la création -
regarde le ciel au-dessus de lui -
regarde le soleil et la lune
et les étoiles lointaines.

Que regarde-t-il donc - où ?
vers le passé - le présent
qui s'éloignait comme le présent
à la vitesse de la lumière
à des milliers d'années-lumière de nous.

Mais si tu te regardes toi-même
et toute SA création
autour de toi -
tu regardes la présence
que tu es toi-même - car :

Dieu n'est présent que dans le présent
et à travers tes yeux
IL regarde en regardant -
en tant que SON coup d'oeil.

Vom Sinn des Seins

Der Mensch sinnt
über den Sinn des Seins
mit allen seinen Sinnen
und schaut die Schöpfung -
schaut in den Himmel über sich -
schaut Sonn' und Mond
und weit entfernte Sterne.

Was schaut er denn – wohin ?
in die Vergangenheit -
die sich als Gegenwart entfernte
mit Lichtgeschwindigkeit
Lichtjahrtausende entfernt von uns.

Schaust du aber dich
und alle SEINE Schöpfung
um dich herum -
schaust du die Gegenwart
die du selber bist – denn:

Nur in der Gegenwart ist Gott
und durch deine Augen
blickt ER schauend -
als SEIN
Augen-blick.

Fig. 17, la Contemplation / die Besinnung

Fig. 18, Couple de cœur / Herz-Paar

Amour de cœur

La séparation de
du ciel et de la terre
de dieu et de l'homme
nous donne la mort
et n'existe que tant que
jusqu'à ce que se produise en nous
la reconnexion - la religiosité
dans le cœur.

Herzliebe

Die Trennung von
Himmel und Erde
von Gott und Mensch
beschert uns den Tod
und existiert nur so lange
bis sich in uns
die Wiederanbindung – die Religio
im Herzen vollzieht.

Fig . 19, la Rose sauvage / die Wildrose

Tournant du monde

Nous n'allons ni vers la fin du monde ni la fin de l'homme
mais vers la floraison de l'humanité au centre du cosmos.
Tout comme la pousse verte et ses feuilles cessent de croître
pour se concentrer dans le germe divin de lumière
de la graine du bourgeon
et la fleur éclot en couleurs lumineuses -
élevant ce qui existait vers une nouvelle dimension de l'Être -
ainsi l'homme sur Terre devient
SON ÊTRE-HOMME.

Weltenwende

Nicht der Untergang der Welt und des Menschen steht uns bevor
sondern die Blüte des Menschseins im Zentrum des Kosmos.
So wie der grüne Spross innehält und keine Blätter mehr treibt
sondern sich zentriert im göttlichen Lichtkeim des Samens der
Knospe und die Blüte sich öffnet in leuchtenden Farben -
alles Bisherige erhebend in eine neue Dimension des Seins -
so wandelt sich der Mensch auf der Erde zu
SEINEM MENSCHSEIN.

Fig. 20, Courant du Ruisseau / Bachlauf

Inspiration aquatique

Les obstacles dans le ruisseau
créent des tourbillons
attirant l'oxygène –
favorisant la vie –
des obstacles dans la vie
font tourbillonner le vécu
épandent des inspirations -
favorisant le développement.

Wasser-Inspiration

Widerstände im Bach
erzeugen Wirbel
Sauerstoff ansaugend –
lebensfördernd -
Widerstände im Leben
wirbeln Gelebtes durcheinander
tragen Inspirationen ein –
entwicklungsfördernd.

Fig. 21, le Coing japonais / Japanische Quitte

Sourire florissant

Ce qui pour l'arbre
la floraison
est pour l'homme le sourire.

Blühendes Lächeln

Was für den Baum
die Blüte
ist für den Menschen das Lächeln.

Fig. 22, l'Été / der Sommer

Soirée d'Été

Une journée chaude
le silence se fait -
pas un souffle d'air -
seulement de temps en temps
un fin bruissement
comme le chant léger des feuilles -
à nouveau le silence
qui nous fait sentir
SA volonté .
tout attend -
tout se tait -
entièrement dévoué
à sa vie de plante
avec une sainte écoute
s'enivrent de la vie
dans les sphères créatives
comme image miroir-
rendent visible l'invisible -
montrent le monde unique
qu'IL illumine en l'HOMME.

Sommerabend

Nach heißem Tag
die Stille steht –
kein Lüftlein weht –
nur hin und wieder
ein feines Rascheln
als der Blätter leise Lieder –
dann wieder Stille
die uns spüren lässt
SEIN Wille .
Alles wartet –
alles schweigt –
ist ganz hingegeben
ihrem Pflanzenleben
mit heil'gem Lauschen
sie sich berauschen
an den Schöpferwelten
als ihr Spiegelbild –
machen Unsichtbares offenbar –
zeigen auf die eine Welt
die ER im MENSCH erhellt.

Fig. 23, le Tournesol / die Sonnenblume

Fig. 24, la Libellule / die Libelle

Écologie

Tout ce qui existe est tissé d'amour
jusqu'à la plus petite miette –
de la coquille d'escargot jusqu'à la voûte céleste étoilée
la plus petite pierre et toutes les cellules
sont des ondes d'amour coagulées
et puis encore la fleur, la feuille et l'animal
tout est uni en toi à SON image
incarnée par la douceur de l'amour et ce que tu nies ici dans ce
monde - tu le nies – tu le détruis en toi car
toute la création est SON corps qui apparaît enfin entièrement
comme HOMME

Ökologie

Aus Liebe gewebt ist alles Sein
bis zum feinsten Krümelein –
vom Schneckenhäuschen bis zum gestirnten Himmelszelt
der kleinste Stein und alle Zellen
sind geronnene Liebeswellen
und dann noch Blüte, Blatt und Tier
alles ist vereint in dir nach SEINEM Bilde
verleiblicht durch der Liebe Milde
und was du hier in dieser Welt verneinst – vernichtest
verneinst – vernichtest du in dir
denn alle Schöpfung ist SEIN Leib
der endlich ganz als MENSCH erscheint.

Fig 25, la Conception / Empfängnis

La corporalité

Ton corps
est la clé de Dieu
car Il veut être avec toi
y habiter.

Leiblichkeit

Dein Leib
ist der Schlüssel zu Gott
denn ER will mit dir
darin wohnen.

Fig. 26, Taiji croisé / Durchkreuztes Taiji

L'obscurité et la lumière –
l'esprit et la matière
sont des contraires créés à partir de LUI
pour être unis en nous dans l'amour
selon SON libre arbitre et le nôtre
afin de former UN tout
et de tout illuminer en nous
devenus HOMME.

Dunkelheit und Licht -
Geist und Materie
sind gegensätzlich aus IHM erschaffen
um in uns nach SEINEM
und unserem freien Willen
liebend zu vereinen
um EINS zu sein
und alles zu durchlichten
in uns als
MENSCH.

Fig 27, Recueillement intérieur / Innere Sammlung

De la Créature au Créateur

Dieu se cherche
et se trouve
en nous
en tant que SA créature
qui nous cherchons nous-mêmes
et que nous trouvons enfin
dans notre Créateur
comme HOMME créatif.

Vom Geschöpf zum Schöpfer

Gott sucht sich
und findet sich
in uns
als SEIN Geschöpf
die wir uns selber suchen
und endlich finden
in unserem Schöpfer
als schöpferischer
MENSCH.

Fig. 28, l'Attente / Erwartender

Evolution

Qu'est-ce qu'une pierre ? -
un petit morceau de dieu au repos.
Qu'est-ce qu'une fleur ? -
un peu de dieu qui fleurit.
Qu'est-ce qu'un oiseau ?
un petit bout de dieu qui chante.
et qu'est-ce que l'homme ? -
L'homme est un tout,
dans lequel IL se manifeste en toi
dans toute SA diversité
IL s'unit à nouveau à lui
Dans la rencontre avec soi..

Evolution

Was ist ein Stein ? –
ein Stückchen ruhender Gott.
Was ist eine Blume ? -
ein Stückchen blühender Gott.
Was ist ein Vogel ?
ein Stückchen singender Gott.
und was ist der Mensch ? –
Der Mensch ist ein Ganzes,
in dem ER sich in dir
in aller seiner Vielfalt
sich wieder selbst vereint.
und sich selbst begegnet.

Fig. 29, les Fruits de la Vie / Früchte des Lebens

La sagesse des pommes

L'homme ne vieillit pas -
il mûrit
comme une pomme verte
à la douceur de la vie
et se partage
comme un fruit pour les autres.

Apfel-Weisheit

Der Mensch altert nicht -
er reift
wie ein grüner Apfel
zur Süße des Lebens
und teilt sich mit
als Frucht für andere.

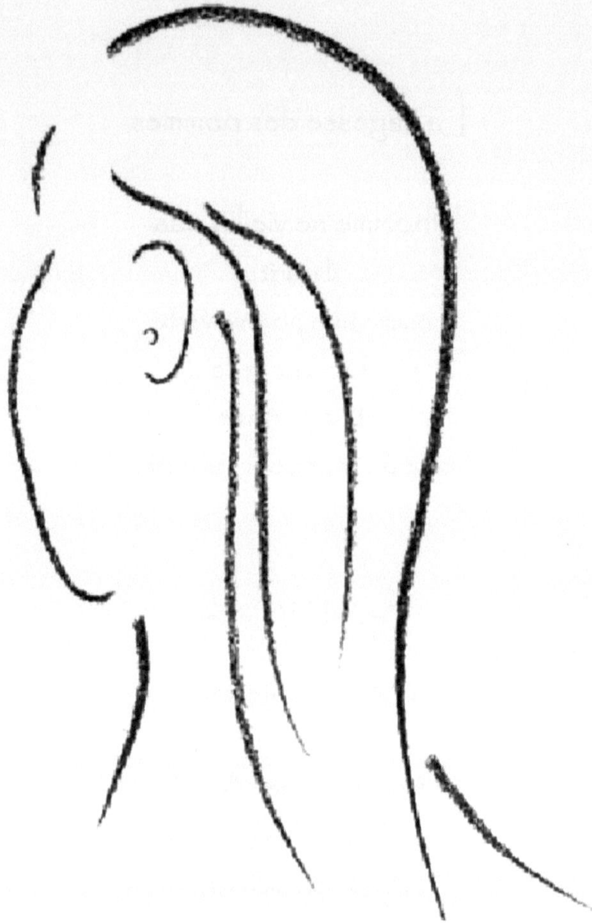

Fig. 30, Qui écoute à l'intérieur / Die Nach- Innen- Hörende

Vision

Je vois un monde nouveau - personne ne doit plus souffrir
de la violence, de la torture ou de toute autre douleur
du corps et de l'âme
parce que nous sommes remplis de SON Esprit
et que chacun se sait créé par Lui et que tous se protègent
et se prennent en charge dans la liberté de leur propre décision
en tant que SA créature dans laquelle le Créateur habite
à son image et que tout le monde est UN - est SI -
parce que l'homme reflète le cosmos et que le cosmos reflète ainsi
l'HOMME dans lequel IL se réalise lui-même.

Vision

Ich sehe eine neue Welt – keiner muss mehr leiden
durch Gewalt, Folter oder jegliche Schmerzen
des Leibes und der Seele
weil wir mit SEINEM Geist erfüllt
und sich ein jeder von IHM erschaffen weiß
und alle sich behüten und betreuen
in Freiheit eigener Selbstentscheidung
als SEIN Geschöpf in dem der Schöpfer wohnt
sich selbst zum Bilde
und alle Welt ist EINS - ist SEINS
weil der Mensch den Kosmos spiegelt
und der Kosmos so den MENSCHEN
in dem ER sich selbst verwirklicht.

Fig. 31, la Nuit étoilée / Sternennacht

Le ciel en nous

Lorsque les étoiles et les planètes,
dans leur position
à l'heure de la naissance
annoncent qui nous sommes
en tant qu'êtres humains,
nous pouvons découvrir
quelles sont nos possibilités
pour que le ciel tout entier
se déploie en nous
et redessine la terre avec nous.

Der Himmel in uns

Wenn Sterne und Planeten
in ihrer Stellung
zur Stunde der Geburt
von uns als Menschen künden
können wir ergründen
was unsere Möglichkeiten sind
dass der ganze Himmel
sich in uns entfaltet
und mit uns
die Erde
neu gestaltet.

Fig. 32, la Peur / die Angst

La peur comme séparation

La peur prend fin lorsque je reconnais intérieurement,
en y croyant, ce qu'est SA volonté
que je ne me sens plus oppressé par quoi que ce soit d'extérieur –
en suivant ma conscience - ma certitude intérieure -
la sagesse du ciel :
car là où je suis relié à LUI
la peur n'a pas de place -
il n'y a de place que pour l'amour - car IL est l'amour -
ce n'est qu'en aimant que nous ne faisons qu'un avec LUI
qui habite en nous
en tant qu'HOMME.

Angst als Getrenntsein

Die Angst endet wenn ich zuinnerst glaubend erkenne
was SEIN Wille ist
von nichts äußerem mehr bedrängt sich fühlend -
dem Gewissen – der inneren Gewissheit folgend
der Weisheit des Himmels:
denn da wo ich mit IHM verbunden bin
hat Angst keinen Raum – da ist nur Raum für Liebe –
denn ER ist die Liebe –
nur liebend sind wir eins mit IHM
der in uns wohnt als
MENSCH.

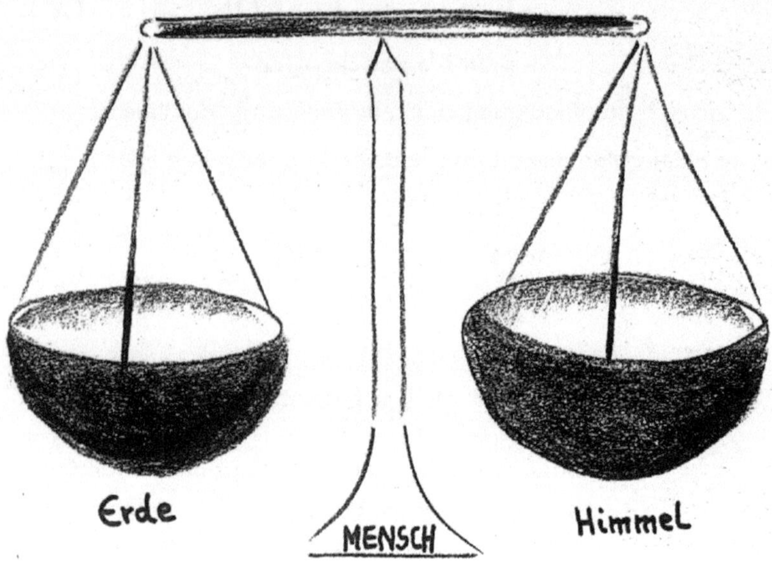

Fig. 33, le Ciel et la terre en équilibre / Schöpfungsharmonie

Apesanteur cosmique

Si tu vis quotidiennement une grande lourdeur
qui veut t'écraser
, c'est un grand honneur
pour SA force qui repose en toi
de s'éclaircir avec beaucoup de courage
et tu reconnais que finalement
toute la lourdeur qui est encore en toi
ne veut qu'une chose:
que SA lumière s'éveille
en toi.

Schwerelosigkeit

Erlebst du täglich große Schwere
die dich niederdrücken will
so ist das große Ehre
für SEINE Kraft die in dir ruht
sich aufzulichten mit viel Mut
und du erkennst das endlich
alle Schwere die noch in dir steckt
nur das eine will:
es wird SEIN Licht
in dir geweckt.

Fig. 34, la Liberté / Freiheit

Voilier

Être au-dessus de l'eau -
au-dessus des sentiments -
naviguer dans les vents de l'esprit libre
de croiser en pleine mer
ton bateau te mène à LUI
qui a tout créé
pour être avec LUI
être unis
en tant que
HOMME.

Segelboot

Über dem Wasser zu sein –
über den Gefühlen –
segelnd in den Winden freien Geistes
zu kreuzen im offenen Meer
führt dein Schiff zu IHM
der alles erschaffen hat
um mit IHM
vereint zu sein
als
MENSCH.

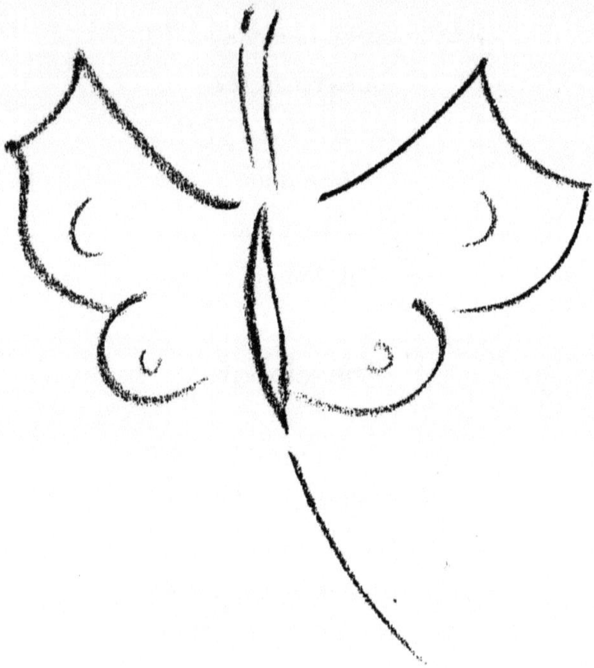

Fig. 35, la Résurrection / Auferstehung

Un tournant apocalyptique

La Terre est ravagée par un fléau -

par la chenille dévorante qu'est l'homme

qui pille et détruit la planète verte et toutes ses créations.

Mais

cette existence se termine

dans l'engourdissement de la larve -

l'homme semble mort -

mais à l'intérieur, une nouvelle vie s'éveille

et un matin, l'enveloppe protectrice se déchire

et un papillon délicat se déploie

dans la lumière du soleil, ses ailes colorées

et le cosmos tout entier s'illumine

à cause de la résurrection de l

L'HOMME.

Apokalyptische Wende

Die Erde ist von einer Plage heimgesucht –
von der fressenden Raupe Mensch
die den grünen Planeten mit all seiner Schöpfung
ausplündert und zerstört.

Doch
dieses Sein endet
in Erstarrung der Larve –
der Mensch erscheint wie tot –
doch im Inneren regt sich neues Leben
und eines Morgens reißt die schützende Hülle
und ein zarter Schmetterling entfaltet
im Sonnenlicht seine farbigen Flügel
und der ganze Kosmos leuchtet
ob der Auferstehung des
MENSCHEN.

Fig. 36, le Ressuscité / Auferstandener

Fig. 37, le Penseur / Sinnender

Découvrez
dans votre coeur
ce qui vous manque dans la vie
et irradiez-le vers les autres
c'est le seul moyen
de racheter le monde
et vous-même.

Entdecke in dir
in deinem Herzen
was du draußen im Leben vermisst
und strahle es anderen zu –
das ist der einzige Weg die Welt zu erlösen
und dich selbst.

Fig. 38, les Enfants-anges / Engelkinder

Être des enfants

Enfants
qui sont encore proches de leur ange
ressemblent aussi à ça,
et les adultes
qui nous rappellent les enfants
sont à nouveau proches de lui.

Kindsein

Kinder
die noch ihrem Engel nahe sind
sehen auch so aus,
und Erwachsene
die uns an Kinder erinnern
sind ihm wieder nah.

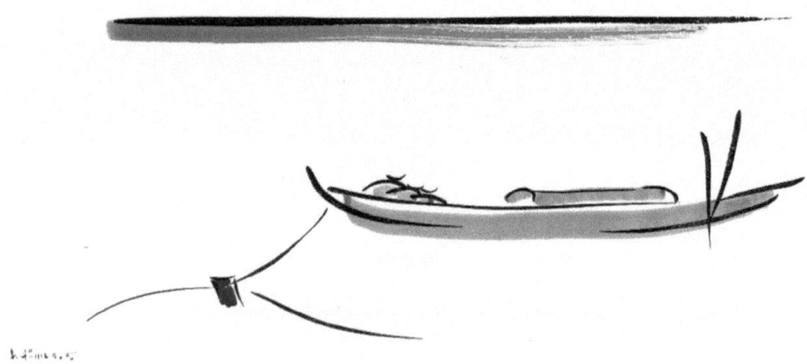

Fig. 39, le Silence / die Stille

La fontaine
où nous puisons l'eau de l'Esprit
s'appelle
le silence.

Der Brunnen
aus dem wir das Wasser des Geistes schöpfen
heißt
Stille.

Fig. 40, la Lumière croise l'Obscurité / Licht kreuzt Dunkelheit

La Sagesse des Anges

Ne juge personne -
même pas toi-même -
relie l'obscurité à la lumière
avec la lumière en toi -
car quoi que soit l'obscurité
peut signifier
il disparaît dans la lumière
qui fait de nous des HOMMES.

Engelweisheit

Verurteile niemanden –
auch dich nicht selbst –
verbinde die Dunkelheit
mit dem Licht in dir –
denn was immer das Dunkle
bedeuten mag
es schwindet im Licht
das uns zum MENSCHEN macht.

Fig. 41, Corps céleste en tant que Corps du Ciel / Himmelskörper – Körper des Himmels

La Terre - centre du cosmos

La Terre tourne sur elle-même comme l'ego
mais en même temps, elle est aussi immobile
car le cosmos tout entier tourne en vingt-quatre heures
tourne une fois autour de la Terre.
Les deux sont vrais - les deux se produisent en même temps -
selon le point de vue de l'observateur -
c'est le soleil
ou est-ce la Terre sur laquelle tu te tiens
sur laquelle le créateur du cosmos est né
en tant que
HOMME.

Die Erde - Zentrum des Kosmos

Die Erde dreht sich um sich selbst
wie das Ego
aber zugleich steht sie auch still
weil der gesamte Kosmos sich in vierundzwanzig Stunden
einmal um die Erde dreht.
Beides ist wahr – beides geschieht gleichzeitig -
je nach Standpunkt des Beobachters –
ist es die Sonne
oder ist es die Erde auf der du stehst
auf der der Schöpfer des Kosmos geboren wurde
als
MENSCH.

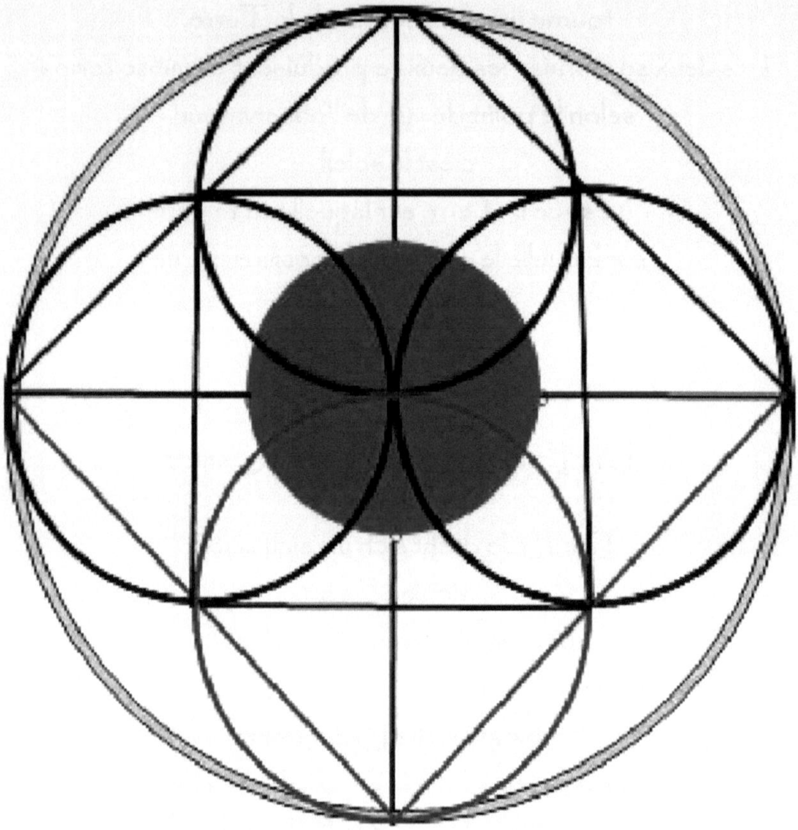

Fig. 42, la Terre - Centre du Cosmos / Die Erde - Zentrum des Kosmos

Fig. 43, le Vortex cosmique / Kosmischer Wirbel

Nouvelle création

La vie d'ici
reste une demi-vie
puisque dans ce monde nous mourons encore
jusqu'à ce que SA LUMIÈRE nous remplisse
alors la mort mourra
et la LUMIÈRE et le CORPS
seront unifiés
devenus matière lumineuse
et nous serons entièrement
HOMME.

Neuschöpfung

Das hiesige Leben
ist noch ein halbes Leben
da wir noch sterben in dieser Welt
bis uns SEIN LICHT erfüllt
dann stirbt der Tod
und LICHT und LEIB
sind dann vereint
als Lichtmaterie
als ganzer
MENSCH

Fig. 44, la Matière lumineuse / Lichtmaterie

TU ES le SENS

PÈRE – toute la création est TON corps
et TU nous as donné les sens pour l'expérimenter.
Nous TE touchons de nos mains
et TU TE saisis à travers nous.
Nous goûtons TA création par notre langue
et TU TE savoures à travers nous.
Nous respirons TON parfum dans tous les parfums
par notre nez
et TU TE sens à travers nous.
Nous T'écoutons dans tous les sons
les bruits et les voix de la nature
à l'aide de nos oreilles
et TU T'entends à travers nous.

TU T'entends parler avec notre voix.
Nous TE voyons dans toutes les formes et couleurs
et TU TE regardes à travers nous.
TON visage se reflète dans le nôtre
lorsque TA LUMIÈRE nous éclaire
et que notre œil divin voit
alors TU es en nous
dans nos cœurs
TOI qui es l'AMOUR.
TU es le SENS
puisque nous ne pouvons faire l'expérience de nous-mêmes
que dans TON SENS.

DU BIST der SINN

VATER – die ganze Schöpfung ist DEIN Leib
und Du gabst uns Sinne ihn zu erfahren.
Wir ertasten DICH mit unseren Händen
und DU begreifst DICH selbst durch uns.
Wir kosten DEINE Schöpfung mit unserer Zunge
und DU schmeckst DICH selbst durch uns.
Wir atmen DEINEN Duft in allen Düften
mit unserer Nase,
und DU riechst DICH selbst durch uns.
Wir hören DICH in allen Tönen, Lauten und Stimmen der Natur
mit unseren Ohren
und DU hörst DICH selbst durch uns.

DU hörst DICH sprechen mit unserer Stimme.
Wir sehen DICH in allen Formen und Farben
und DU erblickst DICH selbst durch uns.
DEIN Antlitz spiegelt sich in unserem,
wenn DEIN LICHT uns erhellt
und unser göttlich Auge sieht
dann bist DU in uns
in unseren Herzen
der DU die LIEBE bist.
DU BIST der SINN
da wir uns nur erfahren können
in DEINEM SINNE.

Fig. 44, la Matière lumineuse / Lichtmaterie

Fig . 45, Etoile de Noel / Weihnachsstern

L'obscurité appelle la lumière

Quand l'obscurité
défie la lumière
c'est un processus voulu par Dieu
qui veut éclairer le TOUT.
Il faut aimer l'obscurité
qui fait briller la lumière –
qui fait briller SA LUMIÈRE
qui a créé les deux
qui nous éclaire et qui éclaire tout.

Dunkelheit fordert Licht

Wenn das Dunkle
das Licht herausfordert
ist das ein von Gott gewollter Prozess
der die Auflichtung des GANZEN will.

Es gilt die Dunkelheit zu lieben
die das Licht leuchten macht –
die SEIN LICHT leuchten macht
der beides erschuf
das uns erleuchtet
und alles erhellt.

CD: Poèmes musicaux / Musik-Gedichte

(en Francais ou en Allemand)

Entendre / Hören
Voir / Sehen
Sentir / Fühlen

01 Indian Feeling 2:27
02 Wood Morning 2:19
03 Rainy Day 2:37
04 Everything is Vibration3:45
05 Rocky Coast Sound, El Bufadero 2:51
06 Evening Silence 3:48
07 Deep in the Sea 3:43
08 Angelic Wisdom 3:07
09 Mystic Indian Heart 3:28
10 Yearning Moment 1:50
11 Pine 3:06
12 Happiness 2:15
13 Sounding New World 4:22
14 Life-giving Water 1:31
15 Birds Song 3:24
16 Butterfly 1:12
17 Discover Within You 2:10

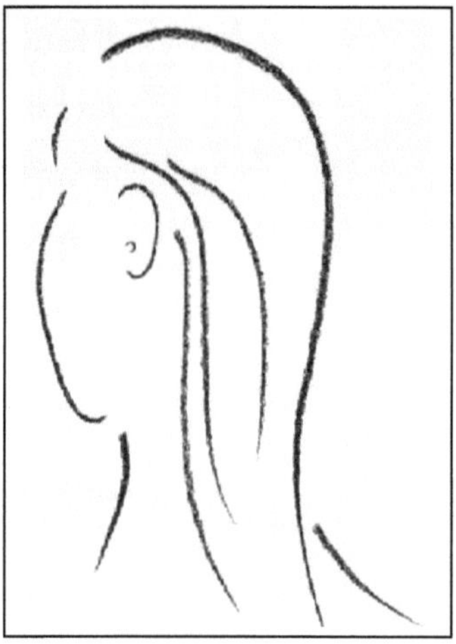

Titel & Cover-Zeichnung / Titles & Cover design, Dietrich Gümbel
Kompositionen / Compositions: Werner Müller
Performers: Dietrich Gümbel (Native Indian Flutes, Cosmoharp, Lithophone). Werner Müller: Sound design
Dietrich Gümbel liest seine Gedichte, untermalt mit entspannender Musik. / D.Gümbel reads his poems, highlighted with relaxing music.

COSMO-THERAPIE DR.GÜMBEL
10, rue A.Schweitzer, F-68140 Gunsbach, Tel: 0033-38977-0724 , dr.guembel@wanadoo.fr /
www.cosmotherapy.de / www.cosmomusic.de

Découvrez
dans votre coeur
ce qui vous manque dans la vie
et irradiez-le vers les autres
c'est le seul moyen
de racheter le monde
et vous-même.

Entdecke in dir
in deinem Herzen
was du draußen im Leben vermisst
und strahle es anderen zu –
das ist der einzige Weg die Welt zu erlösen
und dich selbst.

Bibliographie / Literatur-Verzeichnis

- **Dworzynski, Adam,** Das Johanneische Menschenbild, Kaufbeuren 1983, Selbstverlag, ISBN 3-9800846-0-4 (*zu beziehen über den Autor Gümbel)*
- **Dworzynski, Adam**, *(Pseudonym: Simon Hofmann),* **Vor dem Antlitz des Gottes**, Die apokalyptische Vision des Sehers, Selbstverlag (*zu beziehen über den Autor D.Gümbel*)
- **Dworzynski, Adam**, *(Pseudonym: Simon Hofmann)* Die Logos-Tat „ICH BIN“. Bd.I ,. Selbstverlag, Kaufbeuren 1968 (*zu beziehen über den Autor D.Gümbel*)
- **Dworzynski, Adam**, *(Pseudonym: Simon Hofmann)*
  Die Logos-Tat „ICH BIN“ , Bd.II Deutung und Tiefenschau, Selbstverlag, Kaufbeuren 1982, Selbstverlag (*zu beziehen über den Autor D.Gümbel*)
- **Gümbel, D.,** Ganzheitliche Therapie mit Heilkräuter-Essenzen, Heidelberg 1996, ISBN 3-7760-1341-9
- **Gümbel, D.,** Wie neugeboren mit Heilkräuter-Essenzen und Farben, Karl F. HAUG-Verlag, Heidelberg 1995, ISBN 3-7760-1504-7
- **Gümbel, D.,** Heilen durch die Sinne – Die Cosmo-Therapie, Karl F. HAUG-Verlag, Heidelberg 1998, ISBN 3-7760-1661-2
- **Gümbel, D.,** COSMOMUSIK, Vaasa / FIN 2011, ISBN 978-952-5318-35-7

###

https://www.morebooks.de/de/search?utf8=%E2%9C%93&q=G%C3%BCmbel

- **Gümbel,D.,** Schwingung – Essenz der Schöpfung / Musik des Lebens, Fromm-Verlag Saarbrücken, info@omniscriptum.com , 2019, ISBN 978-613-8-35517-5
- **Gümbel, D.,** Die Einswerdung des Menschen oder das Ende der Scham, Fromm-Verlag, Saarbrücken 2019, info@omniscriptum.com, ISBN 978-620-2-44138-4
- **Gümbel, D.,** Healing through the Senses – Sensing the Spiritual World, Lambert Academic Publishing, Saarbrücken, info@omniscriptum.com 2019,ISBN 978-620-0-23130-7
- **Gümbel,D**., Lighting the Dark, Drawings in Words, Blessed Hope Publishing, Str.Armeneasca 28, Chisinau, MD -2012, Republic of Moldova, info@omniscriptum.com, ISBN 9786137943946
- **Gümbel,D., Wolff, Hans-Friedrich,** Weg-Notizen in Bildern und Worten,F-68140 Gunsbach 2014, Selbstverlag Dietrich Gümbel

Adresse de l'Auteur / Adresse des Autors:

Dr.Dietrich Gümbel

10, rue A.Schweitzer, F-68140 Gunsbach, / Alsace / France

dr.guembel@cosmotherapy.de / www.cosmotherapy.de

MIX
Papier aus verantwortungsvollen Quellen
Paper from responsible sources
FSC® C105338

Printed by Books on Demand GmbH, Norderstedt / Germany